AF403771

CATALOGUE

DE LA

MAGNIFIQUE COLLECTION

D'ESTAMPES

ANCIENNES & MODERNES

DES DIVERSES ÉCOLES

Provenant du Cabinet de M. le Comte ARCH*** [*into*], de Milan

DONT LA VENTE AUX ENCHÈRES PUBLIQUES AURA LIEU

PAR SUITE DE SON DÉCÈS

HOTEL DES COMMISSAIRES-PRISEURS

Rue Drouot, n° 5

SALLE N° 4, AU 1ᵉʳ ÉTAGE

Les Lundi 17, Mardi 18 et Mercredi 19 Mars 1862

A DEUX HEURES PRÉCISES

Par le ministère de Mᵉ **BOULOUZE**, Commissaire-Priseur,
14, rue Ollivier-Saint-Georges,

Assisté de M. **CLEMENT**, Mᵈ d'Estampes de la Bibliothèque impériale,
3, rue des Saints-Pères,

Chez lesquels se distribue le présent Catalogue.

EXPOSITION PUBLIQUE

Le DIMANCHE 16 Mars 1862, de une heure à quatre heures.

—

1862

ORDRE DES VACATIONS

1re VACATION. — *Lundi 17 Mars 1862.*

Nos 51 à 93.
  1 — 50.
296 — 318.
402 — 436.

2e VACATION. — *Mardi 18 Mars.*

Nos 94 — 136.
182 — 222.
319 — 342.
237 — 252.
383 — 401.

3e VACATION. — *Mercredi 19 Mars.*

Nos 137 — 181.
223 — 236.
253 — 295.
343 — 382.

CONDITIONS DE LA VENTE

Elle sera faite au comptant.

Les Acquéreurs paieront CINQ CENTIMES PAR FRANC, en sus des enchères.

CE CATALOGUE SE DISTRIBUE :

A Paris............ Chez MM.	Boulouze, Cre-Priseur, rue Ollivier-Saint-Georges.
—	Clement, Marchand d'Estampes, rue des Saints-Pères, 3.
A Londres..........	Colnaghi et Cie, Md d'Estampes.
—	Graves et Cie, id.
—	Évans et fils, id.
—	Holloway, id.
A Manchester.......	Grundy, id.
A Amsterdam........	Buffa et fils, id.
A Leipzig..........	R. Weigel, id.
—	Drugulin, id.
A Francfort-s/-Mein.	Prestel, id.
A Vienne...........	Artaria et Cie, id.
A Liège............	Van Marck, id.

DÉSIGNATION

DES

ESTAMPES

ANDERLONI (Pierre).

1 — La Femme adultère, d'après le Titien.

Magnifique épreuve avant toutes lettres, seulement les lettres *P. A. f.* tracées, et avant les travaux sur les fleurs de la terrasse au premier plan vers la droite, qui sont restées blanches. Elle a toute sa marge.

2 — Moïse défendant les filles de Jethro, d'après le Poussin.

Magnifique épreuve avant toutes lettres; seulement les lettres *P. A. f.* tracées, et avant les travaux sur le lacet de la sandale du pied droit de la deuxième femme, le plus près du bord de la gauche de l'estampe, dite ainsi au lacet blanc. Elle a toute sa marge.

3 — La Vierge aux Anges, d'après le Titien.

Superbe épreuve avant toutes lettres, avec une dédicace écrite de la main de l'auteur.

4 — Le Jugement de Salomon, d'après Raphaël.

Superbe épreuve avant la bordure et avant les noms des auteurs ; seulement les deux lignes : *Date illi infantem....... in aedibus Vaticanis* tracées. Elle a toute sa marge.

5 — Héliodore chassé du temple, d'après Raphaël.

Magnifique épreuve avant toutes lettres, seulement les lettres *P. A. f.* racées. Elle a toute sa marge.

6 —. Attila saisi d'effroi à l'apparition des apôtres saint Pierre et saint Paul, d'après Raphaël.

Magnifique épreuve avant toutes lettres, avec toute sa marge.

AUDRAN (Gérard).

7 — LA FEMME ADULTÈRE ; belle estampe, d'après le Poussin.

Magnifique épreuve avant la lettre, les armes et la dédicace à J.-B. Colbert. De la plus grande rareté. (Presque unique.)

AUDRAN (Jean).

8 — Coyzevox (Antoine), célèbre sculpteur, d'après Rigaud.

Superbe épreuve avant la lettre. Rare.

BALECHOU (Jean-Joseph).

9 — Sainte Geneviève, patronne de Paris, d'après Carle Vanloo.

Magnifique épreuve avant toutes lettres, les armes, avant les travaux sur le collier et avant le changement fait au bas du jupon. Rare.

10 — La Tempête, d'après J. Vernet.

Superbe épreuve avec la faute au mot *Compagnie*, écrit *Compagine*, à droite de la quatrième ligne du titre et avant l'adresse de Buldet.

11 — Auguste III, roi de Pologne, d'après H. Rigaud.

Magnifique épreuve avant l'année 1750, placée au-dessous du nom du graveur, et avant les mots : *Chevalier de l'ordre de Saint-Michel*, placés sous le nom de peintre. Elle a une petite marge. Très-rare.

12 — Brühl (Henri, comte de).

Très-rare et superbe épreuve avant la lettre, et avant les changements dans la tête.

BAUSE (JEAN-FRÉDÉRIC).

13 — Schubartus (Rudolphe-Auguste), d'après A. Oeser.

Superbe épreuve avant la lettre et avant que la bordure ait été terminée.

BEAUVARLET (JACQUES-FIRMIN).

14 — Télémaque dans l'île de Calypso, d'après Raoux.

Très-belle épreuve avant toutes lettres, portant la signature du graveur.

15 — Charles-Philippe, comte d'Artois, avec Marie-Adélaïde-Clotilde, sa sœur, assise sur une chèvre, d'après Drouais.

Très-belle épreuve avant la lettre. Rare.

BERVIC (CHARLES-CLÉMENT).

16 — Laocoon et ses deux enfants enveloppés par deux énormes serpents, d'après le groupe antique d'Agésandre, Polydore et Athénodore.

Très-belle épreuve avant la lettre, le nom de Bervic tracé à la pointe, dite ainsi épreuve d'artiste. Elle a toute sa marge.

BLOEMAERT (CORNEILLE).

17 — La Sainte Famille, d'après Annibal Carrache.

Très-belle épreuve avant l'adresse de *Jo. Jacobus de Rubeis formis ad templum S. M. de Pace*, à la suite du mot *licentia*.

BLOTELING (ABRAHAM).

18 — L'Adoration des Rois-Mages, d'après Rubens.

Très-belle épreuve avant la lettre.

19 — Portrait de Hermannus Langelius, d'après F. Hals.

Superbe épreuve.

BOLSWERT (SCHELTE A.).

20 — Moïse élevant le serpent d'airain dans le désert, d'après Rubens. (Basan n° 14 des sujets de l'Ancien-Testament.)

Très-belle épreuve.

21 — Le Christ en croix, d'après Rubens. (B. 85 des sujets du Nouveau-Testament.)

Magnifique épreuve avant toutes lettres, avec une petite marge. Extrêmement rare.

22 — Les quatre Évangélistes, d'après Rubens. (B. 128 des sujets du Nouveau-Testament.)

Superbe épreuve avec l'adresse de *Nicolaus Lauwers*. (Collect. Gawet.)

23 — L'Assomption de la Sainte-Vierge, d'après Rubens. (B. 4 des sujets de vierges.)

Magnifique épreuve avant toutes lettres, avec une petite marge. Extrêmement rare, sinon unique.

24 — La Sainte Vierge embrassant l'Enfant Jésus, d'après Rubens. (B. 30 des sujets de vierges.)

Superbe épreuve avec l'adresse de *Martinus Vanden Enden*.

25 — Les Pères de l'Église et sainte Claire au milieu d'eux tenant le Saint-Sacrement, d'après Rubens. (B. 4 des sujets d'histoire et allégories sacrées.)

Très-belle épreuve avec l'adresse de *Nicolaus Lauwers*.

26 — Le Couronnement d'épines, d'après Van Dyck.

Très-belle épreuve du premier état avant les contre-tailles au vêtement et à la jambe gauche du second soldat, qui est debout à la droite de l'estampe.

27 — Le Christ en croix, d'après Van Dyck, connu sous le nom du *Christ au Jacobin*.

Magnifique épreuve avant toutes lettres et avant les armes dans la marge du bas. Très-rare en cet état.

28 — Jésus-Christ en croix recommandant sa mère à son disciple bien-aimé. Pièce connue sous le titre du *Christ à l'éponge.*

Très-belle épreuve du premier état, avant la main de saint Jean sur l'épaule de la Vierge, avant l'ombre portée sur le gros doigt du pied de l'homme qui présente l'éponge, avant les contretailles à la partie ombrée du corps et du bras droit du Christ, avant que l'ombre portée par l'os de mort qui est à terre ait été prolongée, et avant les travaux qui indiquent le fer au pied droit de devant du cheval. Elle est doublée.

29 — L'Enfant Jésus couché sur les genoux de la Sainte Vierge ; à gauche est une sainte tenant les bras croisés et une palme dans la main, d'après Van Dyck.

Superbe épreuve avec le *Cum priuilegio.*

30 — Le Reniement de saint Pierre, d'après Gérard Seghers.

Superbe épreuve. Pièce rare.

31 — Pan jouant de la flûte en gardant son troupeau, d'après Jacques Jordaens.

Magnifique épreuve avant toutes lettres. Peut-être unique en cet état.

BOYDELL (Josiah).

32 — Le portrait de Reinier Ansloo et sa femme, d'après Rembrandt.

Très-belle épreuve avant la lettre.

BROWN (John).

33 — L'Abreuvoir, d'après Rubens.

Très-belle épreuve avant la lettre.

CARRACHE (Augustin).

34 — Portrait du Titien. (B. 154).

Superbe épreuve avant l'inscription : *Titiani Vecelli pictoris celeberrimi ac famosissimi vera effigies*, placée au haut de l'estampe. Extrêmement rare.

CLOUWET (Pierre).

35 — La Descente de Croix, d'après Rubens. (B. 97 des sujets du Nouveau-Testament.)

Très-belle épreuve avec l'adresse de Jean Meyssens.

DAULLÉ (J.).

36 — Portrait de Le Mercier (Pierre-Augustin), imprimeur de la ville de Paris.

Très-rare et belle épreuve avant la lettre.

DESNOYERS (Auguste Boucher, baron).

37 — La Vierge aux Rochers, d'après le tableau de Léonard de Vinci, au Musée du Louvre.

Magnifique épreuve avant la lettre. Elle est à grandes marges.

38 — La Vierge de la maison d'Albe, d'après Raphaël.

Superbe épreuve avant la lettre; seulement les lettres tracées. Elle est sur papier de Chine.

39 — La Visitation, d'après Raphaël.

Très-belle épreuve avant la lettre, les lettres tracées. Elle est sur papier de Chine.

40 — Sainte Marguerite, d'après le tableau de Raphaël, au Musée du Louvre.

Très-belle épreuve avant la lettre ; les lettres tracées.

DREVET (Claude).

41 — Vintimille (Charles-Gaspard), archevêque de Paris. (L. B. 16.)

Très-belle épreuve du premier état, avant les tailles faites à la bordure gauche, près du milieu des cordons à glands. Elle a une belle marge.

DREVET (Pierre).

42 — Dubois (Guillaume), cardinal, d'après Rigaud. (L. B 26.)

Superbe épreuve avec toutes marges.

43 — Keller (Jean-Balthasar). (L. B. 72.)

Superbe épreuve du premier état, avant toutes lettres. Elle a de la marge. Très-rare. (Collection Donadieu.)

44 — Rigaud (Hyacinthe). (L. B. 102.)

Magnifique et très-rare épreuve du premier état, avant toutes lettres.

45 — Toulouse (Louis-Alexandre de Bourbon, comte de). (L. B. 111.)

Magnifique épreuve du premier état, avec une ancre de chaque côté de l'écusson armorié, avant les changements dans la bordure et avec la dédicace de Jean-Baptiste Thibaud. Rare. Elle a une belle marge.

DREVET (Pierre-Imbert).

**46 — BOSSUET (Jacques-Bénigne), évêque de Meaux.
(L. B. 19.)**

Magnifique épreuve du premier état, avec les mots *Trecenses*, au lieu de *Trecensis*, et *Constorianus*, au lieu de *Consistorianus*, avant les tailles au haut du fauteuil qui est à la droite de l'estampe. Épreuve dite au *Fauteuil blanc*. Elle a toute sa marge. Extrêmement rare à trouver de cette beauté et conservation.

47 — Le même portrait.

Très-belle épreuve avant les points ajoutés après le mot *pinxit*.

48 — Lecouvreur (Adrienne). (L. B. 31.)

Superbe épreuve du deuxième état, avec le mot *model*, au lieu de *modèle*, dite ainsi avec la faute.

**49 — Tressan (M. de), archevêque de Rouen. (L. B. 45.)
Charmant portrait gravé pour le titre du Bréviaire de Rouen.**

Superbe épreuve avec grande marge.

50 — Orléans (Louise-Adélaïde d'), abbesse de Chelles, d'après Gobert.

Très-belle épreuve d'un joli portrait.

PORTRAITS

GRAVÉS A L'EAU-FORTE PAR VAN DYCK.

Pour le classement, nous avons suivi l'ordre numérique des états adoptés par
M. Carpenter dans le Catalogue qu'il a publié sur l'œuvre de ce maître.

---

51 — Breughel (Jean, *dit* de Velours). (1).

Magnifique épreuve du deuxième état. Elle est avant la lettre. Très-
rare. (Le premier état d'eau-forte pure est presque unique.)

52 — Le même portrait.

Très-belle et ancienne épreuve tirée sur papier à la folie.

53 — Breughel (Pierre.) (2).

Très-belle épreuve du premier état. Rare.

54 — Le même personnage.

Ancienne épreuve avec belle marge.

55 — Cornelissen (Antoine). (3).

Magnifique épreuve du premier état de la planche terminée par L. Vosterman, avant le nom du graveur.

56 — Van Dyck (Antoine). (4).

Très-belle épreuve du troisième état, avec l'adresse de Gillis Hendrix.

57 — Érasme (Didier). (5).

Très-belle épreuve tirée sur papier à la folie.

58 — Franck (François). (6).

Magnifique épreuve du second état, avant la lettre; mais avec le fond gravé au burin. Très-rare. (Le premier état d'eau-forte pure, avant le fond, est presque unique.) Elle a de la marge.

59 — Momper (Josse de). (8).

Superbe épreuve du premier état de la planche, terminée par L. Vosterman, avant le nom du graveur et avec l'adresse de Martin Van den Enden.

60 — Oort ou Noort (Adam Van). (9).

Très-belle épreuve avec l'adresse de G. H. Elle a une belle marge.

61 — Pontius ou Du Pont (Paul). (10).

Ancienne et belle épreuve avec marge.

62 — Snyders (François). (15).

Belle épreuve de la planche terminée par Jacques Neefs. Elle est tirée sur papier à la folie.

63 — Triest (D. Antoine). (18).

Très-belle épreuve du premier état de la planche terminée par P. de Jode, avant le nom du graveur et avec la faute au mot *Toparcha*, écrit *Topairha*, corrigé dans l'état suivant.

64 — Vosterman (Lucas). (19).

Très-belle épreuve du quatrième état, avec les lettres G. H.

65 — Vos (Guillaume de). (20).

Superbe épreuve du second état, avant la lettre; mais avec le fond. Très-rare. (On ne connaît que deux épreuves d'eau-forte pure, avant le fond ; elles sont en Angleterre.)

66 — Le même portrait.

Très-belle épreuve du premier état de la planche terminée par S. à Bolswert, avec les lettres G. H.

67 — Wael (Jean de). (22).

Ancienne et très-belle épreuve tirée sur papier à la folie. Elle a une belle marge.

PORTRAITS D'APRÈS VAN DYCK

Gravés pour l'Éditeur Martin Van Den Enden.

Pour ne pas répéter les mots : *Tiré avec l'adresse de* Martin Van Den Enden, nous prévenons que tous les portraits de cette série sont tirés avec cette adresse, et pour la plupart du premier état, c'est-à-dire avant le nom du graveur.

UN GRAVEUR ANONYME.

68 — Bosschaert (Thomas-Willeborts). (1).

Très-belle épreuve.

BOLSWERT (Schelte A.).

69 — Arembert (Albert, comte d'). (2).

Très-belle épreuve du deuxième état.

70 — Barbe (Jean-Baptiste). (3).

Superbe épreuve du premier état, avant le nom du graveur. Elle a un belle marge.

71 — Brauwer (Adrien). (4).

Très-belle épreuve du premier état, avant le nom du graveur et avec nom du personnage écrit : Abraham Brauwer.

72 — Lipse (Juste). (5).

Superbe épreuve du premier état, avant le nom du graveur.

73 — Pepyn (Martin). (6).

Superbe épreuve du premier état, avant le nom du graveur. Elle a de le marge.

74 — Vrancx (Sébastien). (7).

Superbe épreuve du premier état, avant le nom du graveur.

75 — Marguerite de Lorraine, femme de Gaston de France. (8).

Très-belle épreuve du deuxième état.

DELF (Guillaume).

76 — Mirevelt (Michel). (9).

Magnifique épreuve avant toutes lettres.

77 — Le même portrait.

Très-belle épreuve du premier état, avec le nom de Henri Hondius, qui a été remplacé par celui de W. J. Delphius, le véritable graveur de ce portrait.

GALLE (Corneille), le Vieux.

78 — Wolfart (Artus). (10).

Très-belle épreuve du deuxième état, avec le nom de S. A. Bolswert.

HONDIUS (Guillaume).

79 — Franck (François). (11).

Très-belle épreuve du premier état, avant le nom du graveur.

80 — Hondius (Guillaume). (13).

Magnifique épreuve du premier état, avec le nom du personnage écrit en grands caractères.

JODE (ARNOULD DE).

81 — Howard (lady Catherine). (12).

Belle épreuve du seul état connu.

JODE (PIERRE DE), *dit* LE VIEUX.

82 — T'Serclaes De Tilly (Jean, comte de). (14).

Superbe épreuve du premier état.

JODE (PIERRE DE), *dit* LE JEUNE.

83 — Coster (Adam). (15).

Magnifique épreuve du premier état, avant le nom du graveur et avant que la main droite soit gravée. Rare

84 — Le même portrait.

Superbe épreuve du deuxième état, avant le nom du graveur, mais avec la main droite gravée. Elle a une belle marge.

85 — Halmalius (Paul). (16).

Très-belle épreuve du premier état, avant le nom du graveur.

86 — Jordaens (Jacques). (17).

Magnifique épreuve du premier état, avant le nom du graveur.

87 — Nole (André Colyns de). (18).

Superbe épreuve du premier état, avant le nom du graveur.

88 — Poelenburg (Corneille). (19).

Très-belle épreuve du premier état, avant le nom du graveur.

89 — Puteanus (Erycius). (20).

Magnifique épreuve avant la lettre. État antérieur au premier décrit par Weber. Le titre est écrit à l'encre. De la plus grande rareté.

90 — Tuldenus (Diodore). (23).

Superbe épreuve du premier état, avant le nom du graveur.

91 — Wallenstein (Albert, comte de). (24).

Très-belle épreuve du premier état.

92 — Urphé (Geneviève d'). (25).

Magnifique épreuve du premier état, avec le mot *Havere*, qui a été changé dans le deuxième état par le mot *Havre*. Rare.

LAUWERS (Nicolas).

93 — Blancatcio (Frère Lelio). (26).

Très-belle épreuve du premier état.

PONTIUS (Paul).

94 — Balen (Henri Van). (27).

Superbe épreuve du premier état, avant le nom du graveur.

95 — Bazan (don Alvar). (28).

Très-belle épreuve du deuxième état.

96 — Breuck (Jacques de). (29).

Superbe épreuve du premier état, avant le nom du graveur.

97 — Colonne ou Coloma (don Charles). (30).

Superbe épreuve du premier état.

98 — Crayer (Gaspard de). (31).

Très-belle épreuve du deuxième état. Elle a une belle marge.

99 — Frockas Perera et Pimentel (don Emmanuel). (32).

Superbe épreuve du premier état.

100 — Geest (Corneille Van der). (33)

Superbe épreuve du premier état, avant le nom du graveur.

101 — Gevartius (Gaspard). (34).

Superbe épreuve du premier état, avant le nom du graveur.

102 — Gusman (don Diego Philippe de). (35).

Superbe épreuve du premier état.

103 — Gustave-Adolphe, roi de Suède. (36).

Très-belle épreuve du deuxième état.

104 — Honthorst (Gérard). (37).

Très-belle épreuve du premier état, avant le nom du graveur, et avec le mot *Honthorst*.

105 — Hugens (chevalier Constantin). (38).

Superbe épreuve du premier état.

106 — Miraeus (Aubert). (39).

Superbe épreuve du premier état.

107 — Mytens (Daniel). (40).

Très-belle épreuve du deuxième état.

108 — Nassau (Jean, comte de). (41).

Superbe épreuve du premier état, avec le nom du graveur écrit : *Pon-sius*, au lieu de *Pontius*. Très-rare.

109 — Palamedes (Palamedesz, Stevens). (42).

Superbe épreuve du premier état, avant le nom du graveur.

110 — Pontius (Paul). (43).

Très-belle épreuve du deuxième état. Elle a une belle marge.

111 — Ravestein (Jean Van). (44).

Très-belle épreuve du premier état.

112 — Rombouts (Théodore). (45).

Superbe épreuve du premier état, avant le nom du graveur.

113 — Rubens (Pierre-Paul). (46).

Très-belle épreuve tirée sur papier à la folie.

114 — Scaglia (César-Alexandre). (47).

Très-belle épreuve du deuxième état, avec les vers latins et le mot *regens* à la fin du deuxième vers, qui dans l'état suivant a été corrigé.

115 — Savoye (François-Thomas de). (48).

Superbe épreuve du premier état.

116 — Seghers (Gérard). (49).

Magnifique épreuve du premier état, avant le nom du graveur.

117 — Stalbent (Adrien Van). (50).

Superbe épreuve du premier état, avant le nom du graveur.

118 — Steenwyk (Henri). (51).

Superbe épreuve du premier état, avant le nom du graveur.

119 — Vanloon (Théodore). (52).

Superbe épreuve du premier état, avant le nom du graveur.

120 — Vos (Simon de). (53).

Superbe épreuve du premier état, avant le nom du graveur.

121 — Wildens (Jean). (55).

Superbe épreuve du premier état, avant le nom du graveur.

122 — Marie de Médicis. (56).

Très-belle épreuve du deuxième état.

STOCK (André).

123 — Sneyers (Pierre). (57).

Magnifique épreuve du premier état, avant le nom du graveur. Elle a une belle marge.

VAN VOERST (Robert).

124 — Digbi (sir Kenelme). (58).

Superbe épreuve du premier état.

125 — Jones (Inigo). (59).

Très-belle épreuve du deuxième état. Elle a une belle marge.

126 — Voerst (Robert Van). (60).

Magnifique épreuve du premier état, avant le nom du graveur. Elle une belle marge.

127 — Vouet (Simon). (61).

Très-belle épreuve du deuxième état.

VOSTERMAN (Lucas).

128 — Cachiopin (Jacques de). (62).

Magnifique épreuve du premier état, avant le nom du graveur, et avec le nom du personnage écrit *Cachopin*.

129 — Callot (Jacques). (63).

Magnifique épreuve du premier état, avant le nom du graveur.

130 — Coeberger (Wenceslas). (64).

Superbe épreuve du premier état, avant le nom du graveur.

131. — Delmont (Deodat). (66).

Superbe épreuve du premier état, avant le nom du graveur.

132 — Dyck (Antoine Van). (67).

Magnifique épreuve du premier état, avant le nom du graveur.

133 — Eynden (Hubert Van den). (68).

Très-belle épreuve du premier état, avant le nom du graveur.

134 — Galle (Théodore). (69).

Très-belle épreuve du premier état, avant le nom du graveur.

135 — Gaston de France. (70).

Magnifique épreuve du premier état, avant le nom du graveur, et avec marge. Rare.

136 — Gentileschi (Horace Lomi, *dit*). (71).

Magnifique épreuve du premier état, avant le nom du graveur.

137 — Jode (Pierre de, *dit* le Vieux). (72).

Superbe épreuve du premier état, avant le nom du graveur.

138 — Livens (Jean). (73).

Magnifique épreuve du premier état, avant le nom du graveur.

139 — Mallery (Charles de). (74).

Superbe épreuve du premier état, avant le nom du graveur.

140 — Milder (Jean Van). (75).

Superbe épreuve du premier état, avant le nom du graveur.

141 — Peirese (Nicolas Fabrice de). (77).

Magnifique épreuve du premier état, avant le nom du graveur et avec marge.

142 — Sachtleven (Corneille). (78).

Très-belle épreuve du deuxième état.

143 — Schut (Corneille). (79).

Superbe épreuve du premier état, avant le nom du graveur.

144 — Spinola (don Ambroise). (80).

Très-belle épreuve du premier état.

145 — Stevens (Pierre). (81).

Très-belle épreuve du deuxième état.

146 — Uden (Lucas Van). (82).

Très-belle épreuve du deuxième état.

147 — Vos (Corneille de). (83).

Très-belle épreuve du premier état, avant le nom du graveur.

PORTRAITS D'APRÈS VAN DYCK

Gravés pour les Éditeurs Gillis Hendricx, J. Meyssens
et autres.

Nous avons indiqué, pour cette série, les portraits décrits par Weber, en désignant la page de son Catalogue.

---

148 — Ertvelt (André Van), par S. A. Bolswert. (101).

Ancienne et très-belle épreuve.

149 — Ruthven (lady Mary), par S. A. Bolswert. (101).

Très-belle épreuve du deuxième état, avec les lettres G. H.

150 — Jode (Pierre de, *dit* le Jeune), par P. de Jode. (102).

Superbe épreuve du premier état, avec les lettres G. H., qui ont été grattées; mais on en aperçoit très-visiblement les traces.

151 — Faille (Alexandre de la), par A. Lommelin. (104).

Très-belle épreuve du premier état, avec l'adresse de *Gillis Hendricx.*

152 — Ryckaert (Martin), par Jacques Neeffs. (104).

Très-belle épreuve tirée sur papier à la folie.

153 — Tassis (Antoine de), par J. Neeffs. (105).

Très-belle et ancienne épreuve tirée sur papier à la folie.

154 — Moncada (François de), par L. Vosterman. (107).

Magnifique épreuve du premier état, avant l'adresse de G. H. et avant les mots: *Cum priuilegio*, à la fin du nom du graveur. Elle a une belle marge. Rare.

155 — Isabelle-Claire-Eugénie, par Vosterman. (108).

Très-belle épreuve du deuxième état, avec l'adresse de G. H.

156 — Pappenheim (Godefroy-Henri, comte de), par C. Galle. (111).

Magnifique épreuve du premier état, avec l'adresse de J. Meyssens.

157 — Meyssens (Jean), par Corneille Galle le Jeune. (111).

Très-belle épreuve.

158 — Opstal (Antoine Van), par un graveur anonyme. (116).

Magnifique épreuve du premier état, avant la retouche et avant *Jacobus de Man exc.*

159 — Rogiers (Théodore), par P. Clouet. (117).

Très-belle épreuve du premier état, avant *Jacobus de Man exc.*

160 — Liberti (Henri), par P. de Jode. (121).

Superbe épreuve.

161 — Wael (Jean de), par Adrien Lommelin. (122).

Très-belle épreuve.

162 — Gerbier (Balthazar), par P. Pontius. (124).

Très-belle épreuve du troisième état.

163 — Le Roi (Philippe), par Pontius et L. Vosterman. (125).

Très-belle épreuve avant la lettre. Très-rare.

164 — Le même portrait.

Très belle épreuve.

165 — Chrétien, duc de Brunswick, par R. Van Voerst. (126).

Très-belle épreuve.

166 — Mansfeld (Ernest, prince et comte de), par R. Van Voerst. (126).

Très-belle épreuve.

167 — Pembroke (Philippe-Henri), par R. Van Voerst. (127).

Superbe épreuve avant la lettre. État non décrit par Weber. Très-rare.

168 — Le même personnage.

Très-belle épreuve.

169 — Vosterman (Lucas), par Lucas Vosterman, *dit* le Jeune. (128).

Très-belle épreuve du seul état connu.

170 — Autriche (Ferdinand, archiduc d'), par Adrien Lommelin.

Magnifique épreuve avant toutes lettres d'un portrait non décrit par Weber. Très-rare.

171 — Portrait du marquis de Mirabelle, par Bloteling.

Magnifique épreuve avant toutes lettres. Très-rare.

172 — Wake (Anna), par P. Clouet.

Superbe épreuve.

173 — Charles II, roi de la Grande-Bretagne, par Hollar.

Magnifique épreuve du premier état, avec l'adresse de *W. Hollar fecit*, *et exc.*

174 — Vos (Paul de), par A. Lommelin.

Très-belle épreuve d'un portrait non décrit par Weber.

175 — Booys (Henri du), par C. Vischer.

Superbe épreuve d'un portrait non décrit par Weber.

176 — Sieuri (Hélène Éléonore de), par C. Vischer.

Superbe épreuve d'un portrait non décrit par Weber.

177 — Rubens (Pierre-Paul), par R. Gaywood.

Très-belle épreuve.

178 — Junius (François).

Ab. Ant. Van Dyck aqua forti. Mart. Vanden Enden *exc.* Rare.

179 — Portrait d'homme, à mi-corps.

Superbe épreuve ayant toutes lettres.

180 — Autre portrait d'homme, à mi-corps.

Très-belle épreuve avant toutes lettres.

181 — Portraits d'homme.

Deux pièces, par V. de Prenner.

EARLOM (Richard).

182 — La Sainte Famille, d'après Rubens.

Très-belle épreuve avant la lettre.

183 — L'Académie de Londres, d'après J. Zoffany.

Superbe épreuve avant toutes lettres.

EDELINCK (Gérard).

184 — La Sainte Famille, d'après le tableau de Raphaël, qui est au Musée du Louvre. (R. D. 4.)

Superbe épreuve avant les armes de l'abbé Colbert, qui ont été placées au bas du milieu du sujet, et qui ont été effacées dans les dernières épreuves. Elle a de la marge.

185 — Sainte Famille, d'après Ch. Lebrun. Morceau connu sous le nom du *Benedicite*.

Très-belle épreuve avant la lettre. Rare.

186 — Le Christ aux Anges, d'après Ch. Lebrun. (R. D. 17.)

Très-belle épreuve avant l'adresse : *A Paris, chez P. Drevet, rue du Foin, etc.* Rare en cet état.

187 — La Madeleine repentante, d'après Ch. Lebrun. (R. D. 32.)

Très-belle épreuve du deuxième état, avant la bordure. Rare.

188 — La famille de Darius aux pieds d'Alexandre, d'après Ch. Lebrun. (R. 42.)

Ancienne et très-belle épreuve avant les points et avec le nom de *Goyton*, légèrement tracé à la pointe.

189 — LE COMBAT DE QUATRE CAVALIERS, d'après Léonard de Vinci. (R. D. 44.)

Magnifique épreuve du premier état, avant les mots : *L. D'la Finese pin. G. Edelinck sc.*, écrits au milieu du bas de l'estampe, dite avant toutes lettres. De la plus grande rareté.

190 — Bloemaert (Abraham), peintre hollandais. (R. D. 155.)

Superbe épreuve du premier état, avant la lettre. Rare.

191 — Bouc (Pierre Van), peintre. (R. D. 157.)

Magnifique épreuve du premier état, avant la lettre et avant l'appui au bas de l'estampe qui a été établi dans l'état suivant. Elle a une belle marge. Rare.

192 — Champagne (Philippe de), peintre du roi. (R. D. 164.)

Très-belle épreuve du premier état avec une petite marge.

193 — Colbert (Jean-Baptiste-Michel), archevêque de Toulouse. (R. D. 172).

Superbe épreuve du premier état avant la lettre rognée un peu sur chaque côté. Rare.

194 — Desjardins (Martin Van den Bogaert, connu en France sous le nom de), célèbre sculpteur. (R. D. 182).

Superbe épreuve du deuxième état avant l'adresse de Drevet.

195 — Ferdinand, prince-évêque de Paderborn. (R. D. 202).
Superbe épreuve du premier état.

196 — Galles (Jacques-François-Édouard, prince de). (R. D. 210).

Très-belle épreuve d'un portrait rare.

197 — Jacques II, roi d'Angleterre. (R. D. 226).

Très-belle épreuve du premier état, avant les mots : *peint par Kneller*, d'un portrait rare.

198 — Lebrun (Charles), premier peintre du roi. (R. D. 238).
Très-belle épreuve.

199 — Leeuwen (Gerbrand Van), professeur à Amsterdam (R. D. 239).
Superbe épreuve du premier état, avant la lettre. Elle a une grande marge,

200 — Léonard (Frédéric), premier imprimeur du roi et du clergé. (R. D. 242).

Belle épreuve portant l'autographe du graveur, *donné à Pitan par moi Edelinck.*

201 — Montarsis (Pierre de), amateur des beaux-arts. (R. D. 277).

Très-belle épreuve.

202 — Parent (Jean-Charles), chevalier romain. (R. D. 287).

Très-belle épreuve du deuxième état.

203 — Silvestre (Israël), dessinateur du cabinet du roi et graveur à l'eau-forte. (R. D. 319).

Très-belle épreuve signée au verso : *P. Mariette, 1692.*

204 — Sousy (Michel Lepeltier, seigneur de), conseiller d'État. (R. D. 322).

Superbe épreuve signée au verso : *P. Mariette, 1697.*

ESTÈVE (M. RICHARD).

205 — ⸺e Frappement du rocher, d'après Murillo.

Superbe épreuve avant toutes lettres, sur papier de Chine, seulement les noms d'artistes tracés.

FERDINAND (L.).

206 — Nicolas Poussin, d'après V.-E.

Superbe épreuve d'un beau portrait. Elle a de la marge.

FICQUET (Étienne).

207 — Ariosto (Ludovico).

Très-belle épreuve avant la lettre et avec grandes marges.

208 — Crébillon (Joliot, de).

Très-belle épreuve avant la lettre et avec belle marge.

209 — La Fontaine (Jean de).

Très-belle épreuve dite *au Ruisseau blanc*.

210 — Montaigne (Michel de).

Belle épreuve avant la lettre.

211 — Regnard (Jean-François), d'après Rigaud.

Très-belle épreuve avant la lettre.

212 — Rousseau (Jean-Jacques).

Très-belle épreuve avant la lettre, et avec une belle marge.

213 — Rousseau (Jean Baptiste).

Superbe épreuve avant la lettre et avec une belle marge.

214 — Voltaire.

Très-belle épreuve avant la lettre.

FORSTER (François).

215. — La Vierge à la légende, d'après Raphaël.

Superbe épreuve d'artiste avant toutes lettres, sur papier de Chine ; seulement le nom du graveur tracé à la pointe.

216 — La Maîtresse du Titien, d'après le Titien.

Très-rare épreuve avant toutes lettres. Elle n'est pas entièrement terminée.

GARAVAGLIA (Giovanni).

217 — La Vierge à la chaise, d'après Raphaël.

Épreuve d'essai ; seulement les têtes de la Vierge et de l'Enfant Jésus,
et une partie du fond terminées.

218 — L'Enfant Jésus assis, entouré de saint Jean et d'anges, d'après Carle Maratte.

Très-belle épreuve, lettres grises avec toutes marges.

GREEN (Valentin).

219 — Le Laboratoire, d'après Joseph Wright.

Très-belle épreuve avant la lettre.

HALL (John).

220 — The battle of the Boyne, d'après B. West.

Très-belle épreuve avant la lettre.

HEATH (James).

221 — Washington (Georges), d'après Gabriel Stuart, 1797.

Très-belle épreuve avant la lettre, lettres tracées. Rare.

JESI (Samuel).

222 — Portrait du pape Léon X, d'après Raphaël.

Superbe épreuve avant toutes lettres, signée du graveur. Elle a toute
sa marge.

JODE (Pierre de).

223 — La Vierge et l'Enfant Jésus, d'après Rubens. (B. 33
des sujets de vierges.)

Très-belle épreuve.

224 — Saint Martin de Tours guérissant un possédé, d'après
Jordaens (J.).

Superbe épreuve.

225 — Henriette-Marie de France, femme de Charles Ier, roi
d'Angleterre, d'après Van Dyck.

Superbe épreuve.

LIVENS (Jean).

226 — Portrait de Daniel Heinsius. (B. 58. Cl. 57.)

Magnifique épreuve. (Collection F. Lousbergs).

LOMBARD (P.).

227 — Charles Ier à cheval; à côté de lui un page tenant son
casque, d'après Van Dyck.

Superbe épreuve du premier état, avant que la tête du roi ait été chan-
gée en celle de Cromwell.

LONGHI (JOSEPH).

228 — Le Mariage de la Vierge, d'après Raphaël.

Superbe épreuve avant la lettre, sur papier de Chine, les quatre vers dans la marge du bas de l'estampe tracés. Extrêmement rare de cette qualité.

229 — La Vision d'Ézéchiel, d'après Raphaël.

Très-belle épreuve avant toutes lettres, les noms d'auteurs à la pointe; dite ainsi épreuve d'artiste.

230 — La Sainte Famille, d'après Raphaël.

Très-belle épreuve avant la lettre, lettres tracées, avec toutes marges.

231 — *La Madonna del lago* (la Vierge au lac), d'après Léonard da Vinci.

Superbe épreuve, avant la lettre, lettres tracées. Rare.

232 — La Madeleine dans le désert, d'après le Corrège.

Magnifique épreuve avant la lettre, avec une belle marge.

233 — Galathée sur les eaux, d'après F. Albani.

Très-belle épreuve avant la lettre, lettres tracées.

LUTZ (PIERRE).

234 — La Vierge tenant l'Enfant Jésus, entourée de quatre saints, d'après le tableau de Ramenghi-Bagnocavello, de la galerie de Dresde.

Superbe épreuve avant toutes lettres sur papier de Chine.

MANDEL (ÉDOUARD).

235 — Portrait de Van Dyck, d'après lui-même.

Très-belle épreuve avant la lettre sur papier de Chine.

MARCHETTI (DOM).

236 — Sainte Marguerite, reine d'Ecosse, d'après Carlo Dolci.

Très-belle épreuve, lettres tracées avec toute sa marge.

MASSON (ANTOINE).

237 — **LES DISCIPLES D'ÉMAUS**, d'après le tableau du Titien, au Musée du Louvre. (R. D. 5). Pièce dite la *Nappe*, chef-d'œuvre du maître.

Magnifique épreuve avant la lettre. Peut-être unique.

238 — La même estampe.

Très-belle épreuve du deuxième état, avant le trait échappé au-dessus de l'arbre qui se voit près de la fabrique au haut de la droite. Elle a une belle marge.

239 — Abelly (Louis), évêque de Rodez. (R. D. 8).

Superbe épreuve du premier état, avant la lettre. Rare.

240 — Anne d'Autriche. (R. D. 11).

Superbe épreuve d'un des plus beaux portraits de ce personnage. Rare.

241 — Bouillon (Emmanuel-Théodose de la Tour-d'Auvergne, duc d'Albret, cardinal de). (R. D. 14).

Très-belle épreuve du premier état.

242 — Brisacier (Guillaume de), secrétaire des commande-
ments de la reine. (R. D. 15).

Magnifique épreuve du premier état, avant l'inscription dans la bordure.
Très-rare.

243 — Le même portrait.

Superbe épreuve du deuxième état, avec les mots : *Brisasier pour Brisacier, et segrétaire pour secrétaire.* Rare.

244 — Colbert (Jacques-Nicolas), abbé du Bec. (R. D. 19).

Magnifique épreuve avant la lettre. Etat inconnu à M. Robert Dumesnil.
Extrêmement rare.

245 — Cureau de la Chambre (Marin). (R. D. 24).

Très-belle épreuve du premier état.

246 — Dupuy (Alexandre), marquis de Saint-André-Mont-
brun. (R. D. 26).

Très-belle épreuve du deuxième état avant le nom du peintre et avec le
mot *ad*, légèrement tracé à la suite du nom de Masson.

247 — Harcourt (Henri de Lorraine, comte d'). (R. D. 34).

Magnifique épreuve du premier état, avant le n° 4 dans la marge à gauche et avant la taille échappée sur le front, près des cheveux, lors de la
retouche de la planche. Très-rare de cette beauté.

248 — Louis XIV. (R. D. 41).

Très-belle épreuve d'un portrait fort rare, provenant des collections
Gawet et R. Dumesnil.

249 — Louis XIV. (R. D. 45).

Très-belle épreuve du premier état, d'un beau portrait. Très-rare.

250 — Péréfixe (Hardouin de Beaumont de), archevêque de Paris. (R. D. 61).

Très-belle épreuve du premier état.

251 — Pussort (Henri de), conseiller d'État. (R. D. 62).

Très-belle épreuve avec grandes marges.

252 — Le Tellier (François-Michel), marquis de Louvois.

Buste fort comme nature de ce personnage. Dirigé à gauche, décoré du cordon bleu et de la plaque du Saint-Esprit, il regarde de face, dans une bordure ovale au haut de laquelle sont deux banderolles qui flottent de chaque côté et sur lesquelles on lit : *Fr. Mich. Le Tellier, march. de Louvois, Regis a cons. secr. et mandat. Regior, ord. cancel.* Au bas de la bordure : *Ant. Masson ad vivum. Faciebat,* et de chaque côté : *Offerebat Maximilianus Ludovicus Titon Parisinus.* Hauteur 525 millimètres, largeur 443 millimètres.

Ce portrait n'est pas décrit par M. Robert Dumesnil dans son catalogue de l'œuvre de Masson ; mais il indique qu'il l'a vu cité dans le *Manuel* de Hubert et Rost, et qu'il n'a jamais pu le découvrir.

MATHAM (Théodore).

253 — Regius (Henri), philosophe et docteur médecin, d'après H. Bloemaert.

Superbe épreuve avant la lettre, provenant de la collection Donadieu.

254 — Laurent de Geer.
Très-belle épreuve.

MELLAN (Claude).

255 — Saint Pierre Nolasque. (Catalogue de M. A. de Montaiglon, 90).

Très-belle épreuve du morceau le plus capital du maître et très-rare. (La planche de cette estampe a été perdue dans un naufrage.)

MORGHEN (Raphael).

256 — LA CÈNE, d'après Léonard de Vinci.

Magnifique épreuve du premier état de la planche terminée, avant toutes lettres et avec les armes, avec le monogramme du maître, R. M., sur le plat non terminé, au-dessous de saint Jacques-le-Mineur, dite ainsi *au Plat blanc*. De la plus haute rareté, peut-être unique (1).

257 — La même estampe.

Superbe épreuve avant la lettre, la dédicace et les noms d'auteurs tracés.

258 — La Transfiguration, d'après Raphaël.

Superbe épreuve avant la lettre sur papier de Chine; l'inscription : *Et transfiguratus est ante eos. Mat.*, *v. XVIII, t. 2*, et les noms d'auteurs tracés. Extrêmement rare de cette qualité.

259 — LE CHAR DE L'AURORE, d'après la fresque du Guide au palais Rospigliosi, à Rome.

Magnifique épreuve avant la lettre, les noms d'auteurs tracés. Rare.

260 — La même estampe.

Superbe épreuve avec la lettre; mais avant les mots : *In Aedibus Rospigliosiis*, au bas à gauche. Très-rare.

261 — La Vierge à la chaise, d'après Raphaël.

Superbe épreuve avant la lettre, lettres grises.

(1) Une épreuve d'un état postérieur, c'est-à-dire avec les noms des artistes, a atteint dans une vente publique, à Londres, en 1860, le prix de 7,900 fr.

262 — La Vierge vue à mi-corps, dans un paysage ; elle tient l'Enfant Jésus couché dans ses bras, d'après le Titien. Pièce connue sous le titre de : *Parce somnum rumpere.*

Magnifique épreuve avant toutes lettres. Elle est en feuille. Extrêmement rare.

263 — La même estampe.

Superbe épreuve avant la lettre, avec le titre et les noms d'auteurs tracés à la pointe. Elle est sur papier de Chine.

264 — La Vierge au chardonneret, d'après Raphaël.

Superbe épreuve avant la lettre, les titres tracés. Elle a toute sa marge.

265 — La Vierge au sac, d'après André del Sarte.

Très-belle épreuve avant toutes lettres. Belle marge. Rare.

266 — Jésus-Christ apparaissant à la Madeleine sous la figure d'un jardinier, d'après Baroche.

Très-belle épreuve avant la lettre ; les titres et les noms d'auteurs tracés.

267 — L'Enfant Jésus dans un médaillon, d'après Carlo Dolci.

Belle épreuve avant la lettre, avec toutes marges.

268 — Les Nymphes de Diane, armées d'arcs et de flèches, d'après le Dominiquin.
Apollon et les Muses sur le Parnasse, d'après Raphaël Mengs.

Superbes épreuves avant toutes lettres ; à la première les noms d'auteurs tracés. Très-rare.

269 — Portrait de Raphaël, d'après Raphaël.

Superbe épreuve avant la lettre. Lettres tracées.

270 — La Fornarine, d'après Raphaël.

Superbe épreuve avant la lettre. Lettres tracées.

271 — Leonardo da Vinci, d'après lui-même.

Très-belle épreuve avant la lettre; les noms du personnage et des auteurs tracés.

272 — Lodovico Ariosto, d'après Pietro Ermini.

Très-belle épreuve avant toutes lettres, seulement les noms des auteurs; elle est sur papier de Chine non collé.

273 — Giovanni Boccacio, d'après Vicenzo Gozzini.

Très-belle épreuve avant toutes lettres et avant que la tranche du livre que tient le personnage ait été terminée. Très-rare.

274 — Dante Alighieri, d'après Stefano Tofanelli.

Très-belle épreuve avant toutes lettres; les noms d'auteurs tracés.

275 — Francesco Petrarca, d'après Stefano Tofanelli.

Très-belle épreuve avant toutes lettres.

276 — Le même personnage.

Très-belle épreuve avant la lettre; les noms du personnage et des auteurs tracés.

277 — Torquato Tasso, d'après Pietro Ermini.

Très-belle épreuve avant toutes lettres.

278 — Portrait de Louis XVIII, alors Monsieur, comte de Provence, d'après Tofanelli.

Superbe épreuve avant toutes lettres, avec grandes marges, d'un portrait extrêmement rare.

279 — La famille de Holstein - Beck , d'après Angelica Kaufmann.

Superbe épreuve avant toutes lettres et avant les armes. Rare.

MORIN (Jean).

280 — Anne d'Autriche, reine de France. (R. D. 41).

Superbe épreuve avec une belle marge.

281 — Bentivoglio (Guido), cardinal. (R. D. 43).

Très-belle épreuve d'un des plus beaux portraits du maître.

282 — Borromée (saint Charles). (R. D. 45).

Très-belle épreuve avec une petite marge.

283 — Grimberghe (Honorine), comtesse de Bossu. (R. D. 55).

Très-belle épreuve avec marge.

284 — Marillac (Michel de), garde des sceaux. (R. D. 66).

Très-belle épreuve.

285 — Richelieu (Jacques-Armand Duplessis, cardinal de). (D. D. 72).

Très-belle épreuve.

286 — Sales (saint François de). (R. D. 73).

Très-belle épreuve.

287 — Talon (Omer), avocat-général au Parlement de Paris.
(R. D. 74).

Superbe épreuve d'un état intermédiaire entre le premier et le deuxième,
avant les contre-tailles sur l'épaule gauche de la robe du personnage.
Inconnu à M. Robert Dumesnil. Très-rare.

288 — Tarisse (dom Jean-Grégoire), général de la Congré-
gation de Saint-Maur. (R. D. 75).

Superbe épreuve.

289 — Thou (Augustin de). (R. D. 77).

Superbe épreuve.

290 — Thou (Christophe de). (R. D. 78).

Superbe épreuve,

291 — Villemontée (François de). (R. D. 86).

Très-belle épreuve.

292 — Vitré (Antoine). (R. D. 88).

Superbe épreuve.

MULLER (Frédéric).

293 — LA MADONE DE SAINT SIXTE, d'après Raphaël.

Magnifique épreuve avant toutes lettres, avec une très-grande marge.
Extrêmement rare.

294 — Saint Jean l'évangéliste, d'après le Dominiquin.

Superbe épreuve de l'*édition de 1808*, avec toute sa marge. Très-rare de cette beauté.

295 — La même estampe.

Superbe épreuve avant la lettre de l'édition de 1812. Rare.

NANTEUIL (ROBERT).

296 — Anne d'Autriche, reine de France. (R. D. 22).

Très-belle épreuve du troisième état.

297 — Le même personnage. (R. D. 23).

Magnifique épreuve du premier état, avant le crochet. Rare.

298 — Barberin (Antoine), cardinal, archevêque de Rheims. (R. D. 29).

Belle épreuve d'un état inconnu à M. Robert Dumesnil; autour du portrait est une bordure ovale enrichie de fleurs de lis. Il n'y a pas de nom d'artiste.

299 — POMPONNE DE BELLIÈVRE, premier président au Parlement de Paris, d'après C. Lebrun. Ce morceau est le *chef-d'œuvre* du maître. (R. D. 37).

Magnifique épreuve du premier état, avant le *crochet*, après le point qui suit le mot *Sculpebat*. Extrêmement rare.

300 — Bossuet (Jacques-Bénigne), évêque de Meaux. (R. D. 45).

Superbe épreuve du premier état. Rare.

301 — Bouchu (Pierre), abbé de Clairvaux. (R. D. 47).

Très-belle épreuve du premier état.

302 — Bouillon (Frédéric-Maurice de la Tour-d'Auvergne, duc de). (R. D. 49).

Superbe épreuve.

303 — Bouillon (Godefroi-Maurice de la Tour-d'Auvergne, duc de). (R. D. 50).

Belle épreuve du deuxième état.

304 — Bouillon (Emmanuel-Théodose de la Tour-d'Auvergne, cardinal de). (R. D. 52).

Très-belle épreuve du premier état.

305 — Bouthillier (Victor Le), archevêque de Tours. (R. D. 54).

Superbe épreuve d'un état inconnu à M. Robert Dumesnil, avant l'année 1651 à la suite du mot *sculpebat*. Extrêmement rare.

306 — Le même personnage. (R. D. 55).

Très-belle épreuve du premier état.

307 — Bragelogne (Marie de), veuve de Claude Le Bouthillier, surintendant des finances. (R. D. 57).

Très-belle épreuve.

308 — Castelnau (Jacques, marquis de), maréchal de France. (R. D. 58).

Superbe épreuve.

309 — Christine, reine de Suède. (R. D. 67).

Belle épreuve avec toutes marges.

310 — Coislin (Pierre du Cambout, cardinal de). (R. D. 69)

Magnifique épreuve du premier état.

311 — Colbert (Jean-Baptiste), contrôleur générale des finances. (R. D. 71).

Magnifique épreuve du premier état avant le nombre 71 dans la marge et avant le crochet après l'année. Très-rare.

312 — Le même personnage. (R. D. 72).

Superbe épreuve du premier état. Très-rare.

313 — Le même personnage. (R. D. 74).

Superbe épreuve du deuxième état. Très-rare.

314 — Le même personnage. (R. D. 75).

Superbe épreuve du premier état avant que la planche ait été réduite. Rare.

315 — Le même personnage. (R. D. 76).

Magnifique épreuve du premier état. Extrêmement rare.

316 — Le même portrait.

Très-belle épreuve du deuxième état. Très-rare.

317 — Condé (Louis de Bourbon, deuxième du nom, prince de). (R. D. 79).

Magnifique épreuve avec belle marge. Très-rare à trouver de cette qualité.

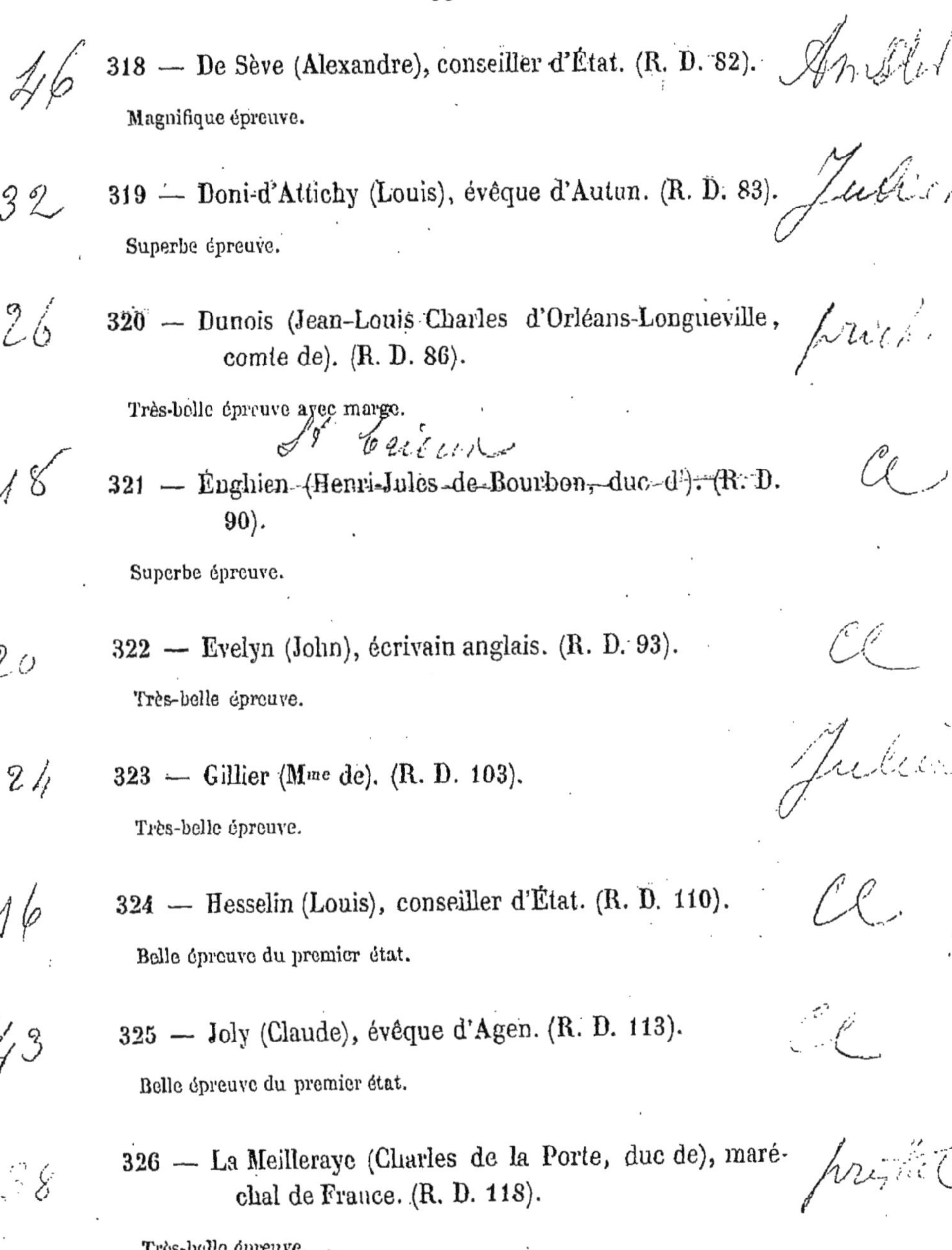

318 — De Sève (Alexandre), conseiller d'État. (R. D. 82).

Magnifique épreuve.

319 — Doni-d'Attichy (Louis), évêque d'Autun. (R. D. 83).

Superbe épreuve.

320 — Dunois (Jean-Louis Charles d'Orléans-Longueville, comte de). (R. D. 86).

Très-belle épreuve avec marge.

321 — Enghien (Henri-Jules-de-Bourbon, duc d'). (R. D. 90).

Superbe épreuve.

322 — Evelyn (John), écrivain anglais. (R. D. 93).

Très-belle épreuve.

323 — Gillier (Mme de). (R. D. 103).

Très-belle épreuve.

324 — Hesselin (Louis), conseiller d'État. (R. D. 110).

Belle épreuve du premier état.

325 — Joly (Claude), évêque d'Agen. (R. D. 113).

Belle épreuve du premier état.

326 — La Meilleraye (Charles de la Porte, duc de), maréchal de France. (R. D. 118).

Très-belle épreuve.

327 — Le Masle (Michel), chanoine de l'église de Paris. (R. D. 126).

Magnifique épreuve du premier état.

328 — Le Pautre (Antoine), architecte et ingénieur. (R. D. 127).

Très-belle épreuve du deuxième état.

329 — Le Tellier (Michel), ministre d'État. (R. D. 135).

Très-belle épreuve.

330 — Le même personnage. (R. D. 136).

Très-belle épreuve.

331 — Le Tellier (Charles-Maurice), archevêque de Reims. (R. D. 141).

Superbe épreuve du premier état.

332 — Loménie de Brienne (Henri-Auguste de), secrétaire d'État. (R. D. 148).

Très-belle épreuve du premier état.

333 — Lotin de Charny (François), président au Parlement. (R. D. 151).

Très-belle épreuve du troisième état.

334 — Louis XIV. (R. D. 152).

Magnifique épreuve du premier état. Très-rare.

335 — Louis XIV. (R. D. 153).

Très-belle épreuve du premier état.

336 — Louise-Marie de Gonzague, reine de Pologne. (R. D. 164).

Superbe épreuve.

337 — Maisons (René de Longueil, marquis de), surinten-dant des finances. (R. D. 165).

Belle épreuve.

338 — Maisons (René de Longueil, marquis de), surinten-dant des finances. (R. D. 166).

Très-belle épreuve du troisième état.

339 — Marolles (Michel de), abbé de Villeloing. (R. D. 171).

Très-belle épreuve du premier état, avec belle marge.

340 — Mazarin (Jules), cardinal, ministre d'État. (R. D. 174).

Superbe épreuve du premier état, avec belle marge.

341 — Le même personnage. (R. D. 179).

Magnifique épreuve d'un des plus beaux portraits de ce personnage. Elle a une belle marge.

342 — Ménage (Gilles), homme de lettres. (R. D. 188).

Très-belle épreuve du premier état, avec grandes marges.

343 — Mesmes (Henri de), président à mortier au Parlement
de Paris. (R. D. 191).

Superbe épreuve du premier état, signée au verso : *P. Mariette*,
1673.

344 — Mesmes (Jean-Antoine de), président à mortier au
Parlement de Paris. (R. D. 192).

Très-belle épreuve du premier état.

345 — Le même portrait. (R. D. 192).

Épreuve d'un état non décrit, intermédiaire entre le troisième et le
quatrième, avec l'année 1667 et inconnu à M. R. Dumesnil.

346 — Molé (Édouard), président à mortier au Parlement de
Paris. (R. D. 193).

Très-belle épreuve.

347 — Molé (François), abbé de Sainte-Croix de Bordeaux,
(R. D. 195).

Très-belle épreuve avec grandes marges.

348 — Mouy (Henri de Lorraine, marquis de). (R. D. 197).

Très-belle épreuve du premier état.

349 — Nemours (Anne-Marie d'Orléans-Longueville, du-
chesse de). (R. D. 200).

Très-belle épreuve d'un charmant portrait.

350 — Neufville (Ferdinand de), évêque de Chartres. (R D
203).

Très-belle épreuve.

351 — Le même personnage. (R. D. 204).

Magnifique épreuve du premier état. Très-rare.

352 — Novion (Nicolas Potier de), premier président au Parlement de Paris. (R. D. 206).

Très-belle épreuve du deuxième état.

353 — Orléans (Philippe, fils de France, duc d'), surnommé *Monsieur*. (R. D. 208).

Magnifique épreuve du premier état. Très-rare.

354 — Péréfixe de Beaumont (Hardouin de), archevêque de Paris. (R. D. 211).

Très-belle épreuve du premier état.

355 — Poncet (Pierre), maître des requêtes. (R. D. 215).

Superbe épreuve du premier état avec marge.

356 — Regnauldin (Claudin), procureur général au grand Conseil. (R. D. 216).

Très-belle épreuve du deuxième état avec la planche accessoire contenant le sonnet. Rare.

357 — Retz (Jean François-Paul de Gondi, cardinal de). (R. D. 217).

Belle épreuve du deuxième état avec le titre du livre de l'histoire, etc., imprimé au verso. *A Paris, chez Nicolas et Jean de la Coste*, M.DC.LIII.

358 — Le même portrait.

Épreuve du même état que le précédent; mais avec l'adresse de *Jean Royer*. État inconnu à M. Robert Dumesnil.

359 — Saint-Paul (Charles-Paris d'Orléans-Longueville, comte de). (R. D. 219).

Très-belle épreuve avec belle marge.

360 — Seguier (Pierre), chancelier de France. (R. D. 223)

Très-belle épreuve du premier état.

361 — Suze (Louis-François de), évêque de Viviers. (R. D. 227).

Très-belle épreuve du premier état.

362 — Talon (Denis), président à mortier au Parlement de Paris. (R. D. 228).

Très-belle épreuve.

363 — Turenne (Henri de la Tour-d'Auvergne, vicomte de), maréchal-de France. (R. D. 232).

Superbe épreuve du deuxième état.

364 — Le même personnage. (R. D. 233).

Très-belle épreuve du deuxième état.

365 — Louvois (François-Michel Le Tellier, marquis de), ministre et secrétaire d'État. (R. D. Appendice 6).

Magnifique épreuve du premier état. Très-rare.

PERFETTI (ANTOINE).

366 — La Nativité de la Vierge, d'après André del Sarte.

Superbe épreuve avant toutes lettres.

PITAU (N.).

367 — Louis XIV en armure, d'après C. Le Fébure.

Très-belle épreuve avant la lettre, avec belle marge.

PONTIUS (Paul),

368 — Thomiris faisant plonger la tête de Cyrus dans un bassin plein de sang, d'après Rubens.

Très-belle épreuve.

369 — Le roi boit, d'après Jacques Jordaens.

Superbe épreuve avant le n° 5, à la droite de la marge du bas.

370 — Rubens (Pierre-Paul).

Magnifique épreuve avec grandes marges.

371 — Raphaël Sanzio d'Urbin.

Très-belle épreuve du premier état avec l'adresse de J. Meyssens.

372 — Jacques Roelans, d'après Willebords.

Superbe épreuve avant la lettre.

373 — Hem (Jean de), d'après Jean Livens.

Superbe épreuve avec l'adresse de *Martin Van den Enden*.

PORPORATI (Carlo ou Charles).

374 — Suzanne surprise au bain par les vieillards, d'après J.-B. Santerre.

Très-belle épreuve avant la lettre, seulement les noms d'auteurs à la pointe.

375 — Le Coucher, d'après Carle Vanloo.

Très-belle épreuve avant la lettre.

376 — Le Bain de Léda, d'après le Corrège.

Superbe épreuve avant la lettre et avant les armes. Elle est en feuille.

377 — Vénus caressant l'Amour.

Très-belle épreuve avant la lettre.

RICHOMME (Joseph-Théodore).

378 — Galathée sur les eaux, d'après la fresque de Raphaël, à la Farnézine.

Très-belle épreuve avant la lettre, lettres tracées. Belle marge.

ROULLET (J.-L.).

379 — Le Tellier (Camille de Louvois), bibliothécaire du roi.

Très-belle épreuve avant la lettre, avant la bordure et les armes. Rare.

RUBENS (Pierre-Paul).

380 — Saint François d'Assise. (B. 9 des sujets de saints). Sainte Marie-Madeleine. (B. 28 des sujets de saintes). Deux pièces.

Magnifiques épreuves avant le nom du maître. Rares.

381 — Sainte Catherine. (B. 15 des sujets de saintes).

Superbe épreuve de cette belle eau-forte gravée par le maître.

RUBENS (PIERRE-PAUL), *invenit et excudit.*

382 — La Vieille à la chandelle. (B. 46 des sujets d'histoire, allégories, etc.).

Très-belle épreuve.

SCHMIDT (GEORGES-FRÉDÉRIC).

383 — Mignard (Pierre), premier peintre du roi.

Très-belle épreuve avant la petite croix formée de deux traits de burin au milieu de la marge du bas, dite ainsi avant l'astérisque.

384 — Maurice Quentin de la Tour, d'après lui-même.

Très-belle épreuve avec grandes marges.

SCHARP (WILLIAM),

385 — Les Docteurs de l'Église, d'après le Guide.

Très-belle épreuve avant la lettre, seulement les armes et les noms d'auteurs tracés. Elle a de la marge.

SCHUPPEN (PIERRE VAN).

386 — Louis XIV. Buste fort comme nature.

Très-belle épreuve d'un beau portrait.

387 — Retz (Jean-François-Paul de Gondi, cardinal de).

Superbe épreuve d'un portrait fort rare.

388 — Hamon (Jean), médecin, qui se retira à Port-Royal, où il mourut.

Superbe et très-rare épreuve avant toutes lettres.

STRANGE (ROBERT).

389. — L'Enfant Jésus tressant une couronne d'épines, d'après Murillo.

Superbe épreuve avant la lettre. Rare.

390 — Charles Ier, roi de la Grande-Bretagne, en pied, près de son cheval que tient un écuyer, d'après Van Dyck.

Superbe épreuve avec les noms : *Carólo Iᵐo*, *Magnæ Britanniæ regi*, etc., en lettres tracées. Elle est en feuille. Très-rare.

391 — Charles Ier, roi de la Grande-Bretagne, en pied et en manteau royal, d'après Van Dyck.

Très-belle épreuve.

SUYDERHOEF (JONAS).

392 — La Sainte Vierge embrassant l'Enfant Jésus, d'après Rubens.

Superbe épreuve avec : *P.-P. Rubens, pinxit cum priuil.* (Collection Thorel).

393 — Les Quatre Bourgmestres d'Amsterdam, d'après Keyser.

Très-belle épreuve.

394 — Jean de la Chambre, d'après F. Hals.

Magnifique épreuve.

395 — Daniel Heinsius.

Superbe épreuve. Rare.

396 — Frédéric Spanhemius, d'après P. Dubordieu.

Magnifique épreuve.

397 — Wikenburgi, d'après F. Hals.

Superbe épreuve. (Collection du comte de Fries).

TOSCHI (Paul).

398 — *Lo Spasimo di Sicilia*.

Magnifique épreuve avant toutes lettres sur papier de Chine; seulement les noms d'auteurs à la pointe. Elle est en feuille. Très-rare.

399 — La Vierge à l'écuelle, d'après le Corrège.

Magnifique épreuve avant toutes lettres. Elle est à grandes marges. Très-rare.

400 — La Madonna della Tenda, d'après Raphaël. —

Superbe épreuve avant toutes lettres sur papier de Chine. Elle est en feuille.

401 — Entrée de Henri IV dans Paris, d'après Gérard.

Magnifique épreuve avant toutes lettres, avant les tailles sur le collet de l'homme qui est à gauche, le plus près du bord de l'estampe, et avant les travaux sur la lettre H, qui se trouve sur l'étendard à la droite de la composition. Elle est en feuille et est accompagnée du trait explicatif. Très-rare en cet état.

VISCHER (Corneille).

402 — La Fricasseuse.

Très-belle épreuve avant l'adresse de *Clément de Jonge exc.*

403 — La Résurrection, d'après P. Véronèse.

Très-belle épreuve.

404 — Vondel, célèbre poëte hollandais.

Magnifique épreuve avant la lettre. Très-rare. (Collection Debois).

405 — Gellius Bouma, ministre de l'Evangile à Zupten.

Très-belle épreuve avant l'année.

406 — Westerbaen (Jacob).

Très-belle épreuve avant la lettre. Rare.

407 — L'Antiquaire.

Très-belle épreuve.

408 — Merius (Jean), pasteur de Spanbroeck.

Superbe épreuve.

VOSTERMAN (Lucas).

409 — La Vierge tenant l'Enfant Jésus; autour d'eux sont divers personnages en acte d'adoration, d'après Michel-Ange de Caravage.

Magnifique épreuve d'une pièce rare.

410 — Bran (Jérôme de), d'après Jean Livens.

Superbe épreuve du premier état avant que le titre en lettres *minuscules*, ait été changé en lettres *majuscules*.

WATSON (J.).

411 — Le marquis de Granby, en pied, près de son cheval, d'après Reynolds.

Très-belle épreuve avant la lettre.

412 — Enfants à mi-corps caressant un chien, d'après Reynolds.

Très-belle épreuve avant la lettre.

WILLE (Jean-Georges).

413 — Agar présentée à Abraham par Sara. (L. B. 1).

Superbe épreuve avant la lettre et les armes.

414 — Les Musiciens ambulants. (L. B. 52).

Magnifique épreuve avant toutes lettres et avant les armes. De la plus grande rareté.

415 — Le Concert de Famille. (L. B. 54).

Superbe épreuve avant la lettre. Elle a une belle marge. Très-rare de cette beauté.

416 — La Ménagère hollandaise. (L. B. 63).

Très-belle épreuve avant toutes lettres. Rare.

417 — La Maîtresse d'école. (L. B. 70).

Très-belle épreuve avant la lettre, avec marge.

418 — Sœur de la Bonne Femme de Normandie. (L. B. 72).

Superbe épreuve avant la lettre.

419 — Woldemar de Loewendal, maréchal de France. (L. B. 122).

Très-belle épreuve avant la lettre, avant les armes et avant la bordure terminée. Très-rare.

420 — Poisson de Vandières (Abel-François, marquis de Marigny. (L. B. 125).

Superbe épreuve avant la lettre.

421 — Boullogne (Jean de), contrôleur général des finances. (L. B. 126).

Superbe épreuve avant la lettre.

422 — Massé (Jean-Baptiste), peintre. (L B. 130).

Très-belle épreuve avant toutes lettres.

423 — Gouy (Élisabeth de), femme de H. Rigaud. (L. B. 145).

Superbe épreuve avant la lettre.

WOOLLET (WILLIAM).

424 — *The Spanish pointer* (le Chien d'arrêt espaguol), d'après G. Stubbs.

Maguifique épreuve avant la lettre ; seulement les noms d'auteurs et l'adresse de *Bradfort*, 1768, tracés à la pointe. Très-rare.

425 — *The Fishery* (la Pêche).

Magnifique épreuve avant la lettre ; les noms d'auteurs tracés à la pointe. Très-rare.

426 — *The Battle at La Hogue* (la Bataille de La Hogue, en 1692), d'après Benjamin West.

Superbe épreuve avant la lettre.

427 — *The Temple of Apollo* (le Temple d'Apollon), d'après Claude Lorrain.

Superbe épreuve avant la lettre.

428 — *Cicero at his villa* (Cicéron à sa maison de campagne), d'après R. Wilson.

Superbe épreuve avant la lettre ; lettres tracées.

429 — *The Solitude* (la Solitude), d'après Wilson.

Superbe épreuve avant la lettre ; lettres tracées.

430 — *The first scene of the Maid of the Mill* (le Petit Moulin), d'après J. Richards.

Superbe épreuve avant la lettre.

431 — *Tobias and the Angel* (Tobie et l'Ange), d'après Lairesse et Glauber.

Très-belle épreuve avant la lettre ; seulement les armes, le titre et les noms d'auteurs tracés.

432 — *Morning* (le Matin), *Evening* (le Soir), d'après Herman Swanevelt.

Très-belles épreuves avant la lettre avec grandes marges.

433 — *Schooting.* La chasse au fusil. Suite de quatre estampes, dites *les quatre temps de la chasse*, d'après G. Stubbs.

Très-belles épreuves avant la lettre.

434 — *The jocund Peasants* (les Paysans joyeux), d'après G. Dusart.

Très-belle épreuve avant la lettre. Malheureusement elle a été rognée jusqu'au trait carré et remargée ; mais l'on voit encore les noms de *Bronwe, aqua forti fecit*, qui distinguent les épreuves avant la lettre de celles avec la lettre.

435 — La même estampe.

Épreuve à l'eau-forte assez avancée. Très-rare.

436 — Rubens (Pierre-Paul).

Superbe épreuve avant la lettre, lettres tracées.

RENOU et MAULDE, Imprimeurs de la Compagnie des Commissaires-Priseurs,
rue de Rivoli, 144.   8546